ERNESTO HERRERA VIGNOLA

EL EQUILIBRIO DE NASH EN LA NEGOCIACIÓN DE CONFLICTOS

ERNESTO HERRERA VIGNOLA

EL EQUILIBRIO DE NASH EN LA NEGOCIACIÓN DE CONFLICTOS

UN MODELO DE OPTIMZACIÓN PARA LA SOLUCIÓN DE MEDIACIONES DIFICILES

Editorial Académica Española

Imprint

Any brand names and product names mentioned in this book are subject to trademark, brand or patent protection and are trademarks or registered trademarks of their respective holders. The use of brand names, product names, common names, trade names, product descriptions etc. even without a particular marking in this work is in no way to be construed to mean that such names may be regarded as unrestricted in respect of trademark and brand protection legislation and could thus be used by anyone.

Cover image: www.ingimage.com

Publisher:
Editorial Académica Española
is a trademark of
International Book Market Service Ltd., member of OmniScriptum Publishing Group
17 Meldrum Street, Beau Bassin 71504, Mauritius
Printed at: see last page
ISBN: 978-620-2-81113-2

EL EQUILIBRIO DE NASH EN LA NEGOCIACIÓN DE CONFLICTOS, UN MODELO DE OPTIMZACIÓN PARA LA SOLUCIÓN DE MEDIACIONES DIFICILES

ERNESTO HERRERA VIGNOLA

**A mi querida hermanita Paola por su gran amistad y su motivación constante
en el empleo de la tecnología del sXXI y la justicia alterna.**

RESUMEN

Este libro resume las características y resultados de un modelo basado en la teoría de juegos para encontrar escenarios óptimos de solución en negociaciones o mediaciones difíciles (duras), donde los derechos fundamentales y los derechos humanos convencionales colisionan frente a intereses particulares altamente posicionados; con los siguientes objetivos: (i) encontrar las mejores estrategias de negociación para alcanzar acuerdos ganar-ganar bajo condiciones *bonna fide*, fuera de litis, (ii) explorar escenarios flexibles de negociación a través de escenarios ponderados por las partes involucradas (iii) analizar la sensibilidad marginal de dichos principios jurídicos respecto a los intereses individuales en conflicto, en términos de su costo de oportunidad, (iv) estimar objetivamente el poder de negociación asociado al valor cuantitativo de la "Mejor Alternativa al Acuerdo Negociado" (MAAN).

Lo anterior, en el marco de la teoría del derecho, la teoría del conflicto y métodos cuantitativos del análisis de decisiones económicas. Con base en reglas de juego limpio, cooperación y valoración cuantitativa, el modelo desarrollado tiene como función primordial dilucidar, en negociaciones y mediaciones duras, las mejores elecciones que pueden tomar los mediados, conforme a estrategias de cooperación y escenarios de solución estables que expanden en la mayor medida posible la satisfacción individual.

En la primera parte del libro el lector conocerá los elementos filosóficos y jurídicos formales del conflicto, la mediación y la negociación; así como los detalles legales en la elaboración del convenio de mediación conforme a la Ley de Justicia Alternativa del Tribunal Superior de Justicia de la Ciudad de México. En la tercera parte, se estudian los conceptos fundamentales de la teoría de juegos aplicada en la negociación de convenios ganar-ganar. Finalmente, en los últimos dos capítulos del libro se propone y prueba con casos prácticos nuestro modelo cuantitativo de ponderación y optimización, basado en el equilibrio de Nash con el propósito de dilucidar escenarios óptimos de solución en negociaciones de difícil comunicación entre las partes o en mediaciones duras. El objetivo del libro es que el lector sea capaz de plantear y optimizar negociaciones mediante la ponderación directa del conflicto por parte de los interesados.

PALABRAS CLAVE

Teoría del conflicto, análisis de decisiones económicas, negociación, mediación, justicia alterna, ponderación de valores e intereses.

ABSTRACT

This book summarizes the characteristics and results of a model based on the theory of games to find optimal scenarios of solution in conflicts or difficult (hard) mediations where fundamental rights and conventional human rights collide with highly positioned particular interests; with the following objectives: (i) find the best negotiation strategies to reach win-win agreements under bonna fide conditions, out of litigation, (ii) explore flexible negotiation scenarios through scenarios weighted by the parties involved (iii) analyze the marginal sensitivity of said legal principles regarding individual interests in conflict, in terms of their opportunity cost, (iv) objectively estimate the bargaining power associated with the quantitative value of the "Best Alternative to the Negotiated Agreement" (MAAN).

The above, within the framework of the theory of law, conflict theory and quantitative methods of economic decision analysis. Based on the rules of fair play, cooperation and quantitative assessment, the main function of the developed model is to elucidate, in tough negotiations and mediations, the best choices that the media can make, according to cooperation strategies and stable solution scenarios that expand in individual satisfaction as much as possible.

In the first part of the book the reader will know the formal philosophical and legal elements of conflict, mediation and negotiation; as well as the legal details in the elaboration of the mediation agreement in accordance with the Law of Alternative Justice of the Superior Court of Justice of Mexico City. In the third part, the fundamental concepts of game theory applied in the negotiation of win win agreements are studied. Finally, in the last two chapters of the book, our quantitative weighting and optimization model is proposed and tested with practical cases, based on the Nash equilibrium in order to elucidate optimal solution scenarios in negotiations with difficult communication between the parties or in mediations. hard. The objective of the book is for the reader to be able to propose and optimize negotiations by directly weighing the conflict by the stakeholders.

KEY WORDS

Theory of conflict, economic decision analysis, negotiation, legal mediation, restorative justice, weighting of values and interests in conflict.

AGRADECIMIENTOS

Quiero agradecer a mi querida amiga Paola Jackelin Ontiveros por motivarme a tomar el XI Diplomado de Mediación Privada en las materias de civil, mercantil, penal y de justicia para adolescentes del Centro de Justicia Alternativa del Tribunal Superior de Justicia de la Ciudad de México. Quiero agradecer a todos mis maestros del Diplomado por motivar en sus alumnos el empleo de la justicia alternativa como la mejor forma de solución de conflictos y la manera menos lesiva de solución para las personas.

Espacialmente, quiero agradecer por compartir magistralmente sus enseñanzas a los que hemos tenido el honor de ser sus alumnos a los estimados Maestros: Martha Hernández Rivero, Salvador Puentes Guerrero, Oscar Ortiz Salcedo, Víctor Rafael Aguilar Molina, Othón Pérez Fernández del Castillo, Andrea Casillas Legarreta y Víctor Manuel Navarrete Villareal. Finalmente, quiero expresar mi más atenta gratitud a las distinguidas mediadoras públicas de la Ciudad de México: María Imelda Ortega y Sofía Verónica Quintal por compartir generosamente sus experiencias en el tema y su amistad.

Fue gracias a todas estas motivaciones y enseñanzas que me aventure a la investigación de la teoría del conflicto, la negociación y la mediación bajo la perspectiva de la teoría del análisis de decisiones económicas, particularmente la teoría de juegos de John Forbes Nash con el fin de desarrollar una metodología cuantitativa para: (i) encontrar las mejores estrategias de negociación; (ii) alcanzar acuerdos ganar-ganar bajo condiciones *bonna fide* fuera de litis; (iii) explorar escenarios flexibles de negociación a través de escenarios ponderados por las personas involucradas; (iv) analizar la sensibilidad marginal de os principios jurídicos respecto a los intereses individuales en conflicto, en términos de su costo de oportunidad, (iv) estimar objetivamente el poder de negociación asociado al valor cuantitativo de la "Mejor Alternativa al Acuerdo Negociado" (MAAN).

Finalmente, quiero agradecer a los organizadores del diplomado y a todas las personas del Centro de Justicia Alternativa y del Tribunal Superior de Justicia que hacen a la mediación y la formalización legal de sus acuerdos posibles en la Ciudad de México.

CONTENIDO

INTRODUCCIÓN

El conflicto es un fenómeno consustancial a la naturaleza humana y a la vida en sociedad. Los sistemas jurídicos como instrumento de organización social prescriben conductas permitidas, obligatorias y prohibidas que garantizan la convivencia pacífica, el bien común, la civilidad y el respeto de la dignidad humana. En esta interacción de las relaciones humanas, eventualmente pueden ocurrir conflictos originados por hechos jurídicos como el nacimiento, la muerte, el incumplimiento de deberes y obligaciones o la comisión de delitos, entre otras casusas.

Sin embargo, no todos los conflictos deben de llegar a un juzgado si es posible resolverlos mediante mecanismos alternos al procedimiento judicial. Estos mecanismos tienen como fin resolver el conflicto legal a través de una solución consensada y satisfactoria entre las partes, tal es el propósito de la negociación, de la mediación y de nuestro modelo de optimización para colisiones entre derechos fundamentales e intereses particulares. Lo anterior, toma mayor relevancia en el contexto de los derechos humanos y la apertura del poder judicial a la ponderación de colisiones entre derechos fundamentales. El elevado número y la complejidad de casos que debe resolver el Poder Judicial justifican la aplicación de la justicia restaurativa como una vía eficaz en la aplicación del principio de justicia expedita.

En este espacio teórico, el núcleo de los derechos fundamentales se origina en la racionalidad, la autonomía de la voluntad, la dignidad, la equidad, la seguridad jurídica y, por tanto, en el Estado constitucional y democrático de derecho. Ésta es la identidad que Kant observa entre los conceptos de sociedad civil y estado de derecho; sustentos filosóficos de la paz perpetua y de la justicia universal.

En virtud de la racionalidad el ser humano sabe que es libre y deposita voluntariamente su autonomía, su soberanía, porque cree en las instituciones democráticas del Estado como depositarias de su poder; poderes que reciben de la sociedad civil soberana, organizada para buscar el bien común del pueblo, el Estado de derecho constitucional que cambia su condición de súbditos (medios) a ciudadanos (fines en sí mismos).

La dignidad humana y los derechos humanos son esenciales para el desarrollo de la personalidad por lo que su afectación puede ser ilegal. En este sentido, sólo fuera del ámbito del núcleo de un derecho fundamental se pueden establecer limitaciones o restricciones, necesarias y justificadas, así como ampliar las condiciones de su ejercicio, partiendo de la base que, por su naturaleza gradual los derechos fundamentales no pueden ser anulados ni absolutos y su ejercicio está sujeto a límites; así, la ampliación de un derecho fundamental en detrimento de otro puede ser ilegal.

Después de la segunda Guerra Mundial y los juicios de Nuremberg, la humanidad aprendió que los principios son sagrados y las reglas no lo son. En los juicios de Nuremberg, los imputados nazis justificaron su comportamiento porque era conforme a la ley, una ley que era contraria a la dignidad humana y a los principios de justicia universal, por lo tanto, cualquier ser racional pudo entender, en base al imperativo categórico kantiano, que tal La ley era inhumana y, por tanto, ilegal, ya que ellos mismos no hubieran querido sufrir en su propia carne, ni con la de sus familiares o amigos, los crímenes que cometieron contra la humanidad. En este sentido, todos los derechos fundamentales protegen la dignidad y algún otro derecho fundamental, por lo que la dignidad humana es la característica común que distingue los derechos fundamentales.

Según el artículo 1 de la Ley Fundamental, para la República Federal de Alemania: "La dignidad humana es inviolable. Respetarla y protegerla es deber de toda autoridad estatal. El pueblo alemán, por tanto, reconoce los derechos humanos inviolables e inalienables como base de toda comunidad, de la paz y de la justicia en el mundo. Los siguientes derechos básicos obligarán a los poderes legislativo, ejecutivo y judicial como ley directamente aplicable".

La motivación anterior nos permite comprender la necesidad y alcances sociales de un modelo general de optimización para casos de negociaciones y mediaciones de difícil solución fuera de *litis*; basado en reglas de juego limpio, criterios cuantitativos y libre elección, nuestro modelo está garantizado por el equilibrio de Nash; para nuestro algoritmo la justificación y las razones del derecho son secundarias, el fondo del fenómeno social del conflicto se analiza, mide y resuelve objetivamente mediante escalas cardinales y costos económicos.

CAPITULO UNO: CONFLICTO, NEGOCIACIÓN Y MEDIACIÓN

El conflicto en la negociación y mediación.

En términos generales parafraseando la definición de N. Katz podemos entender el conflicto como un proceso social donde dos o más personas (físicas o morales) interesadas perciben los resultados de una situación incompatible, donde al menos una de las partes en conflicto, entiende que la situación presenta dificultades o cuestiones que dificultan llegar a la solución. En este sentido, el conflicto implica la percepción de una realidad donde todas las percepciones del conflicto son interdependientes y conforman dicha realidad. Asimismo, las decisiones humanas son intransitivas, por ello cada persona tiene una percepción diferente del conflicto debido a su personalidad, creencias, principios, valores y cultura jurídica. Además, debemos entender que en dicha realidad, debido a la subjetividad humana, las percepciones de las personas en conflicto generalmente están contrapuestas.

Dentro de los antecedentes filosóficos más antiguos en el estudio del conflicto, en la República, Platón estableció una analogía entre el conflicto del alma y el conflicto de la *polis*. La solución platónica establecía que la razón (la formalidad) impusiera el acuerdo de voluntades mediante la prudencia y la templanza sobre las pasiones en conflicto (la materialidad). Según Steward Hampshire: "La racionalidad en el pensamiento privado consiste en el razonamiento entre adversarios y lo mismo ocurre en los asuntos públicos." Para el autor: "El conflicto supone apertura, diversidad y el cuestionamiento de la autoridad. El conflicto moral es eterno y la argumentación institucionalizada es su única limitación universalmente aceptable y la única alternativa a la tiranía."[1] De acuerdo a estas ideas filosóficas podemos decir sin duda que, para construir una solución moral del conflicto de forma racional, la negociación de los interesados es un requisito *sine qua non*.

---

[1] Hampshire Stuart, "La justicia es conflicto", Princeton University Press, 2019.

El diccionario de la Real Academia de la Lengua Española, en sentido jurídico define los términos negociar y mediación de la siguiente manera:

Negociar: Der "Tratos dirigidos a la conclusión de un convenio o pacto."
Mediación: Der. "Actividad desarrollada por una persona de confianza de quienes sostienen intereses contrapuestos, con el fin de evitar o finalizar un litigio."

De lo anterior, podemos decir que, en términos de nuestra perspectiva semántica del conflicto, la negociación tiene como fin la conclusión de un convenio o pacto. Y que la mediación tiene como propósito el reconocimiento y respeto de percepciones e intereses diferentes y contrapuestos entre los mediados para evitar o finalizar un litigio. En este sentido, la mediación no tiene como fin que todas las personas compartan la misma percepción del conflicto, ni que se renuncie a sus ideas personales y menos aún es un debate sobre quien tiene la razón en cierta cuestión.

¿Qué no hacer en una negociación?

Finalmente se resumen puntualmente algunos conceptos que se deben respetar en todo proceso de negociación.

- Negociar con base en hipótesis.
- Centrarse en el núcleo del conflicto.
- Anticipar los acuerdos.
- Hablar cuando no hay nada que decir.
- Temer la expresión violenta del conflicto.
- Dramatizar o minimizar el conflicto.
- Dejar de negociar.

Técnicas de solución para conflictos suaves o amigables:

A continuación, se presentan algunas técnicas utilizadas en la mediación para la solución de conflictos amigables, es decir cuando los mediados no están altamente posicionados en la satisfacción de sus intereses individuales. En estos casos, en virtud de la buena voluntad, o buena fe entre los mediados, ellos se reconocen, respetan y tienen la pretensión de solucionar el conflicto fuera de *litis*; es decir, no existe una intensión de dañar al otro mediado para no afectar la relación. Por ejemplo, cuando algún proveedor de servicios o vendedor desea mantener una buena relación con sus clientes.

- Gestión de las diferencias.
- La hoja de papel.
- Creación de agenda de objetivos
- Ensanchar el pastel
- La pregunta de replanteo
- Lluvia de ideas
- Creación y verificación de opciones
- Técnica del Abogado del diablo

Principios teóricos de la mediación

La mediación tiene como fundamento los siguientes principios teóricos, los cuales en su máxima expansión permiten lograr un ambiente favorable para el dialogo y el consenso entre los mediados dentro del proceso:

- El reconocimiento entre las partes y la legitimación de los intereses.
- La voluntad de las partes en la aceptación y continuidad del proceso,
- Igualdad procesal.
- Capacidad de recursos.
- Imparcialidad, neutralidad y confidencialidad de los mediadores.

CAPITULO DOS: JUSTICIA ALTERNA Y MEDIACIÓN EN MÉXICO

Justicia alterna y formas de solución de conflictos en México

Como consecuencia de la Reforma en Materia de Justicia Penal y Seguridad Pública del 18 junio de 2008, en México se modificaron el párrafo tercero del Artículo 17 y el párrafo sexto del Artículo 18 de la Constitución Política con el fin de reconocer vías alternas de solución de conflictos al proceso judicial. El Artículo 17 reformado expresa que: "Las leyes preverán mecanismos alternativos de solución de controversias. En la materia penal regularán su aplicación, asegurarán la reparación del daño y establecerán los casos en los que se requerirá supervisión judicial". La reserva anterior, precisa la exposición de motivos de la reforma en comento: "para evitar el uso desnaturalizado que pudiera presentarse en el empleo de estos mecanismos"[2].

En el Estado Constitucional de Derecho del Siglo XXI existen diversas formas de solucionar conflictos legales entre las que se encuentran la autocomposición y la heterocomposición.

A) La autotutela o autocomposición se caracteriza porque son las partes las que aportando sus recursos propios resuelven el conflicto o previenen uno futuro. Por ejemplo: la huelga laboral o la legítima defensa.

La autocomposición se basa en la participación voluntaria entre las partes para resolver un conflicto. Los acuerdos emanados de esta forma de solución de conflictos se pueden formalizar para adquirir precisión y legalidad mediante un convenio de transacción (Art. 2,944 del Código Civil CDMX)

---

[2] Exposición de Motivos, Reforma en Materia de Justicia Penal y Seguridad Pública del 18 Junio de 2008

B) Por otro lado, en la heterocomposición como lo señala su nombre, interviene un tercero ajeno facultado para dar solución al conflicto. Por ejemplo: el procedimiento arbitral o el proceso Jurisdiccional. Lo anterior tiene como supuesto la incapacidad de las partes para llegar a una solución del conflicto y la necesidad de la participación de un tercero quien está facultado para resolver el asunto.

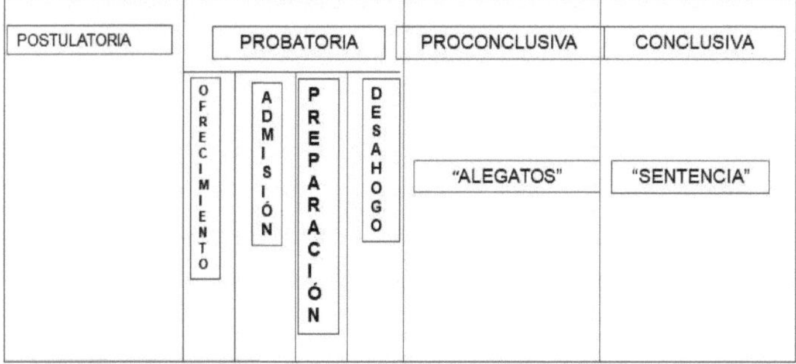

Figura 1: Proceso jurisdiccional

C) Existe una tercera forma de solución de conflictos que se distingue de las anteriores porque un tercero interviene en la solución del conflicto, pero éste no tiene facultades para resolver el asunto. Por ejemplo, la mediación y la conciliación.

Mediación: definiciones y conceptos jurídicos fundamentales

La mediación es un procedimiento voluntario por el cual dos o más personas involucradas en un conflicto, denominadas mediados, buscan y construyen una solución satisfactoria al asunto por ellos mismos, con la asistencia de un tercero imparcial denominado mediador. En este punto es muy importante precisar que la mediación se distingue de la conciliación porque en esta última es el tercero quien propone la solución al conflicto.

- Mediador es la persona especialista que habiendo cumplido los requisitos previstos por la Ley de Justicia Alternativa de la CDMX se encuentra capacitado, certificado y registrado por el Tribunal Superior de Justicia del Distrito Federal para conducir el procedimiento de mediación e intervenir como facilitador de la comunicación y la negociación entre particulares involucrados en una controversia, y que podrá ser público o privado.

- Mediados: personas físicas o morales que, después de haber establecido una relación de variada naturaleza jurídica, se someten a la mediación, en busca de una solución pacífica a su controversia

- Pre – mediación: Sesión informativa previa en la que las personas interesadas son orientadas sobre las ventajas, principios y características de la mediación y para valorar si la controversia que se plantea es susceptible de ser solucionada mediante este procedimiento o, en caso contrario, sugerir las instancias pertinentes.

Según el referido código, la mediación tiene como objetivo fomentar una convivencia social armónica, a través del diálogo y la tolerancia, mediante procedimientos basados en la prontitud, la economía y la satisfacción de las partes. En este sentido, la mediación procederá de la voluntad mutua de los particulares de someterse a ella para solucionar o prevenir una controversia común. Los jueces del Distrito Federal podrán, de conformidad con lo dispuesto en la legislación aplicable, ordenar a los particulares que acudan al procedimiento de mediación a que se refiere la Ley, e intenten, a través de dicho procedimiento, llegar a un acuerdo que ponga fin a la controversia, decretando además la suspensión del juicio hasta por el término de dos meses.

Casos en que procede la Mediación

La mediación procederá en los siguientes supuestos:

I.   En materia civil, las controversias que deriven de relaciones entre particulares, sean personas físicas o morales, en tanto no involucren cuestiones de derecho familiar.

II.   En materia mercantil, las que deriven de relaciones entre comerciantes, en razón de su participación en actos de comercio, considerados así por las leyes correspondientes.

III.   En materia familiar, las controversias que deriven de las relaciones entre las personas que se encuentren unidas en matrimonio, concubinato, sociedad de convivencia o, aun cuando no se encuentren en dichos supuestos, tengan hijos en común; entre personas unidas por algún lazo de parentesco por consanguinidad, por afinidad o civil; las que surjan de esas relaciones con terceros, así como por sucesiones testamentarias e intestamentarias. Modificación 20/agosto/2015.

IV.   En materia penal, la aplicación de los mecanismos alternativos de solución de controversias, dentro del marco de la justicia restaurativa, procederá en las controversias entre particulares originadas por la comisión de un delito, y éste:

a).- Se persiga por querella o requisito equivalente de parte ofendida;

b).- Sea un delito culposo; o

c).- Sea un delito o un delito patrimonial cometido sin violencia sobre las personas; o no se trate de delitos de violencia familiar.

En materia penal, la mediación también procederá, en el marco de la justicia restaurativa, y previo al inicio del proceso penal, en las controversias entre particulares originadas por la comisión de una conducta tipificada como delito que se persiga por querella, y al concluir el proceso penal, respecto de conductas tipificadas como delitos graves y perseguibles de oficio, en tratándose de la reparación del daño, exclusivamente para efectos restaurativos y de recomposición del tejido social cuando la víctima u ofendido del delito lo solicite, en términos del Reglamento, independientemente de que se haya reparado el daño y de que el autor de la conducta delictiva se encuentre cumpliendo una sentencia.

V.   En materia de justicia para adolescentes, en los supuestos previstos en la Ley de Justicia para Adolescentes, siempre que dichas conductas no sean consideradas como delitos graves.

Principios rectores del servicio profesional de mediación en la CDMX

Los principios rectores del servicio de mediación son:

I. Voluntariedad: La participación de los particulares en la mediación deberá ser por propia decisión, libre y auténtica;

II. Confidencialidad: La información generada por las partes durante la mediación no podrá ser divulgada;

III. Flexibilidad: La mediación carecerá de toda forma rígida, ya que parte de la voluntad de los mediados

IV. Neutralidad: Los mediadores que conduzcan la mediación deberán mantener a ésta exenta de juicios, opiniones y prejuicios propios respecto de los mediados, que puedan influir en la toma de decisiones;

V. Imparcialidad: Los mediadores que conduzcan la mediación deberán mantener a ésta libre de favoritismos, inclinaciones o preferencias personales, que impliquen la concesión de ventajas a alguno de los mediados;

VI. Equidad: Los mediadores propiciarán condiciones de equilibrio entre los mediados, para obtener acuerdos recíprocamente satisfactorios;

vii. Legalidad: La mediación tendrá como límites la voluntad de las partes, la ley, la moral y las buenas costumbres; VIII. Economía: El procedimiento deberá implicar el mínimo de gastos, tiempo y desgaste personal.

VIII. Economía: El procedimiento deberá implicar el mínimo de gastos, tiempo y desgaste personal.

Derechos y obligaciones de los mediados

Los mediados tendrán derecho a:

I. Solicitar la intervención del Centro, o mediador privado certificado de su elección en los términos de esta Ley; Modificación 19/junio/2013

II. Intervenir personalmente en la mediación;

III. Recibir asesoría legal externa al Centro o servicio de mediación privada, así como apoyarse, a su costa, en peritos y otros especialistas; Modificación 19/junio/2013

IV. Solicitar al Director General del Centro la recusación o sustitución de los mediadores o co – mediadores, cuando se actualice alguno de los supuestos de excusa o exista causa justificada para ello; y

V. Los demás que determine esta Ley y las disposiciones reglamentarias conducentes.

En tanto que las obligaciones de los mediados son:

I.   Conducirse con respeto y observar buen comportamiento durante el desarrollo de las sesiones y, en general, en el transcurso de la mediación;

II.   Cumplir con las obligaciones de dar, hacer o no hacer establecidas en el convenio que se llegare a celebrar;

III.   Respetar la confidencialidad; y

IV.   Las demás que se contemplen en la presente Ley y disposiciones reglamentarias conducentes.

Procedimiento de mediación y convenio

El procedimiento de mediación inicia con la premediación la cual consiste en una sesión informativa previa en la que las personas interesadas son orientadas sobre las ventajas, principios, características de la mediación y para valorar si la controversia que se plantea es susceptible de ser solucionada mediante este procedimiento o, en caso contrario, sugerir las instancias pertinentes.

Conforme a la referida ley, las etapas del procedimiento de mediación serán las siguientes:

I. Inicial:

a) Encuentro entre el mediador y sus mediados;

b) Recordatorio y firma de las reglas de la mediación y del convenio de confidencialidad;

c) Indicación de las formas y supuestos de terminación de la mediación;

d) Firma del convenio de confidencialidad; y

e) Narración del conflicto.

II. Análisis del caso y construcción de la agenda:

a) Identificación de los puntos en conflicto;

b) Reconocimiento de la corresponsabilidad;

c) Identificación de los intereses controvertidos y de las necesidades reales generadoras del conflicto;

d) Atención del aspecto emocional de los mediados;

e) Listado de los temas materia de la mediación; y

f) Atención de los temas de la agenda.

III. Construcción de soluciones:

a) Aportación de alternativas;

b) Evaluación y selección de alternativas de solución; y

c) Construcción de acuerdos;

IV. Final:

a) Revisión y consenso de acuerdos; y

b) Elaboración del convenio y, en su caso, firma del que adopte la forma escrita.

Posteriormente a la aceptación del procedimiento, la mediación se desarrolla en sesiones cuyo objetivo es fomentar una convivencia social armónica, a través del diálogo y la tolerancia, mediante procedimientos basados en la prontitud, la economía y la satisfacción de las partes con el fin de llegar a la firma de un acuerdo o a la solución del conflicto. Finalmente se deberán cumplir con las formalidades de revisión y registro del convenio para que éste produzca efectos legales.

PROCEDIMIENTO DE MEDIACIÓN.

Figura 2. Procedimiento de mediación

16

Como vemos, si comparamos las figuras 1 y 2, el procedimiento jurídico tiene como fin el esclarecimiento de los hechos mediante pruebas con el fin de establecer la verdad jurídica y determinar cuál de las partes tiene derecho mediante la argumentación jurídica. Por otra parte, a diferencia del litigio en la mediación no existen las etapas postulatoria, probatoria y de alegatos dado que la mediación se basa en la buena fe, la voluntad de las partes y el consentimiento para encontrar una solución del asunto fuera de litis. Por ello, la mediación se desarrolla a través de sesiones voluntarias y confidenciales cuyo objetivo es llegar a solucionar el conflicto mediante un acuerdo o la extinción del asunto.

CAPITULO TRES: ELABORACIÓN DE CONVENIOS DE MEDIACIÓN CONFORME A LA LEY DE JUSTICIA ALTERNATIVA DEL TRIBUNAL SUPERIOR DE JUSTICIA DE LA CIUDAD DE MÉXICO.

Formalidades del convenio de mediación

Legalmente un convenio es un acuerdo de voluntades por el que ambas partes crean, modifican y extinguen derechos y obligaciones. Particularmente podemos definir al convenio de transacción como un acuerdo de voluntades (Artículo 2,944 Código Civil CDMX) por el cual las partes haciéndose reciprocas concesiones, terminan una controversia presente o previenen una futura. En este sentido, el resultado material de las sesiones de mediación es un conjunto de acuerdos que posteriormente se dispondrán en el clausulado del convenio que suscriben los mediados, para que, en caso de incumplimiento de alguno de éstos, el mediado insatisfecho pueda acudir al Órgano Jurisdiccional, para la debida ejecución del convenio de mediación, en términos del artículo 500 del Código de Procedimientos Civiles de la CDMX.

- En términos generales, el convenio entre las partes puede traer aparejada ejecución para su exigibilidad en vía ejecutiva cumpliendo ciertos requisitos formales como son elevarlos a escritura pública o tramitar medios preparatorios.

- Por su parte, es preciso distinguir que los convenios de mediación celebrados ante un mediador Público o Certificado en la Ciudad de México y algunas otras entidades permiten acudir en vía de apremio ante los Juzgados.

Conforme al artículo 35 de la referida Ley, los acuerdos a los que lleguen los mediados podrán adoptar la forma de convenio por escrito, en cuyo caso deberá contener las formalidades y requisitos siguientes:

I. Lugar y fecha de celebración;

II. Nombre, edad, nacionalidad, estado civil, profesión u ocupación y domicilio de cada uno de los mediados.

III. En el caso de las personas morales se acompañará, como anexo, el documento con el que el apoderado o representante legal del mediado de que se trate, acreditó su personalidad.

IV. Los antecedentes del conflicto entre los mediados que los llevaron a utilizar la mediación;

V. Un capítulo de declaraciones, si los mediados lo estiman conveniente;

VI. Una descripción precisa de las obligaciones de dar, hacer o no hacer que hubieren acordado los mediados; así como el lugar, la forma y el tiempo en que estas deberán cumplirse;

VII. Las firmas o huellas dactilares, en su caso, de los mediados;

VIII. Nombre y firma del Director General, del Director o Subdirector de Mediación actuante o, en su caso, del Secretario Actuario correspondiente, para hacer constar que da fe de la celebración del convenio; así como el sello del Centro.

IX. Número o clave de registro en el Centro.

El Convenio se redactará al menos por triplicado, en todo caso se deberá procurar que, con independencia del número de ejemplares, uno sea conservado por el

Centro, y cada una de las partes reciba un ejemplar como constancia. Asimismo, la información generada durante las sesiones de mediación se considerará confidencial, en términos de lo previsto por la legislación en materia de transparencia y acceso a la información pública y de protección de datos personales.

Efectos jurídicos del convenio de mediación

Ante el incumplimiento parcial o total de un convenio celebrado por los mediados, o ante el cambio de las circunstancias que dieron origen a su celebración, el artículo 37 de la referida Ley señala que el incumplimiento de los acuerdos podrá dar lugar a utilizar la re– mediación en el propio Centro y, con la reapertura del expediente respectivo, elaborar un convenio modificatorio o construir uno nuevo. La re – mediación se llevará a cabo, en lo conducente, utilizando las mismas reglas que, para la mediación, establece esta Ley.

Adicionalmente, los acuerdos emanados por vías de negociación y más aún por mediación, no deben estar exentos de los controles de (i) legalidad -control material-, (ii) constitucionalidad y (iii) convencionalidad -controles formales-. Por ejemplo, en materia familiar, si los mediados convienen que el padre no tendrá la obligación de proporcionar alimentos a un hijo menor reconocido, a cambio de que dicho padre no vuelva a ver al menor en comento, tal acuerdo es inválido ya que vulnera diversos derechos humanos como son el interés superior del menor a recibir alimentos, a conocer y convivir con su progenitor, entre otros.

De igual forma cuando los mediados confunden un contrato de adhesión con un convenio que deriva de una mediación o un convenio de mediación con una conciliación, tales convenios son inválidos por un vicio material de legalidad. Consecuentemente se puede decir que entre las obligaciones del mediador *lato sensu* se encuentran el control de legalidad, constitucionalidad y convencionalidad de los convenios firmados por las partes en su presencia.

Tal vez por el razonamiento anterior, el legislador en el Artículo 21 fracción VII de la Ley de Justicia Alterna del Tribunal Superior de Justicia del Distrito Federal dispuso que el mediador público, como auxiliar de la administración de justicia, tiene el deber legal de: "Asegurarse de que los acuerdos a los que lleguen los mediados, estén apegados a la legalidad y sobre la base de la buena fe". Lo cual conlleva, la adecuada clasificación jurídica del convenio.

Ejecución, vía de apremio y documentos ejecutivos.

La relevancia de lo anterior, trae especiales y particulares consecuencias en el empleo de la mediación, más aún en la Ciudad de México y otras jurisdicciones que regulan la vía de apremio, ya que en estas jurisdicciones. un convenio emanado de un proceso de mediación es legalmente válido y exigible en todos sus términos, cuando fue celebrado ante la fe pública del Director General del Centro de Mediación.

Al efecto, el Artículo 38 de la referida Ley expresa que:

> "El convenio traerá aparejada ejecución para su exigibilidad en vía de apremio ante los juzgados. La negativa del órgano jurisdiccional para su ejecución será causa de responsabilidad administrativa, excepto cuando el convenio adolezca de alguno de los requisitos señalados en el artículo 35 de la presente ley [formalidades y requisitos del convenio]. En el supuesto de incumplimiento del convenio en materia penal, quedarán a salvo los derechos del afectado para que los haga valer en la vía y forma correspondientes".

Para distinguir las vías ejecutivas y de apremio, el código de procedimiento civiles de la CDMX establece en su Artículo 443 señala que para que el juicio ejecutivo tenga lugar se necesita un título que lleve aparejada ejecución. Traen aparejada ejecución:

- IV. Cualquier documento privado después de reconocido por quien lo hizo o lo mandó extender; basta con que se reconozca la firma aun cuando se niegue la deuda;
- X. Los convenios emanados del procedimiento de mediación que cumplan con los requisitos previstos en la Ley de Justicia Alternativa del Tribunal Superior de Justicia para el Distrito Federal,

En este sentido, según el Artículo 444 del Código procedimental referido:

"Las sentencias que causen ejecutoria y los convenios judiciales, los convenios celebrados ante la Procuraduría Federal del Consumidor, los convenios celebrados ante la Procuraduría Social del Distrito Federal, los convenios emanados del procedimiento de mediación que cumplan con los requisitos previstos en la Ley de Justicia Alternativa del Tribunal Superior de Justicia del Distrito Federal, los convenios ante los Juzgados Cívicos tratándose de daños culposos causados con motivo del tránsito de vehículos, los convenios de transacción, los laudos que emitan las propias Procuradurías antes mencionadas y los laudos arbitrales o juicios de contadores, motivarán ejecución, si el interesado no intentare la vía de apremio."

Asimismo, el código de procedimiento civiles de la CDMX establece en su Artículo 500 que la vía de apremio procede a instancia de parte,

"Siempre que se trate de la ejecución de una sentencia o de un convenio celebrado en el juicio o en virtud de pacto comisorio expreso, ya sea por las partes o por terceros que hayan venido al juicio por cualquier motivo que sea. Esta disposición será aplicable en la ejecución de convenios celebrados ante la Procuraduría Federal del Consumidor y la Procuraduría Social del Distrito Federal, así como los laudos emitidos por dichas Procuradurías; en la ejecución de convenios emanados del procedimiento de mediación que cumplan con los requisitos previstos en la Ley de Justicia Alternativa del Tribunal Superior de Justicia para el Distrito Federal, y los celebrados ante los Juzgados Cívicos, tratándose de daños culposos causados con motivo del tránsito de vehículos."

<table>
<tr><td align="center">ESTADOS QUE CUENTAN CON VÍA DE APREMIO.</td><td align="center">ESTADOS QUE CUENTAN CON EJECUCIÓN FORZOSA O JUICIO EJECUTIVO.</td></tr>
<tr><td valign="top">

- BAJA CALIFORNIA
- CHIAPAS
- COAHUILA
- COLIMA
- CDMX.
- DURANGO
- ESTADO DE MÉXICO
- HIDALGO
- MORELOS
- OAXACA
- PUEBLA
- QUERÉTARO
- QUINTANA ROO
- SAN LUIS POTOSÍ
- VERACRUZ

</td><td valign="top">

- AGUASCALIENTES.
- CAMPECHE.
- CHIHUAHUA.
- GUANAJUATO.
- GUERRERO.
- JALISCO.
- MICHOACAN.
- NAYARIT.
- NUEVO LEÓN.
- SINALOA.
- SONORA.
- TABASCO.
- TAMAULIPAS.
- TLAXCALA.
- YUCATÁN
- ZACATECAS

</td></tr>
</table>

ESTADOS QUE CONSIDERAN A LOS CONVENIOS CELEBRADOS EN LOS CENTROS DE JUSTICIA ALTERNATIVA O SU SEMEJANTE COMO DOCUMENTOS EJECUTIVOS.

- BAJA CALIFORNIA.
- CAMPECHE.
- CDMX.
- ESTADO DE MÉXICO.
- GUANAJUATO.
- JALISCO.
- MICHOACAN.
- NUEVO LEÓN.
- PUEBLA.
- SAN LUIS POTOSÍ
- TABASCO
- TAMAULIPAS
- YUCATÁN.

Como se aprecia, el convenio derivado del proceso de mediación tiene la fuerza de cosa juzgada, es decir una sentencia cuyo incumplimiento trae como efecto la ejecución forzosa del pago. La vía de apremio es la fase final del procedimiento judicial cuyo propósito es obtener el cumplimiento de una obligación judicialmente reconocida a través de la coacción o el empleo de la fuerza pública. Por ejemplo, si se trata de una cantidad líquida se procede al requerimiento personal al condenado y si no paga se procede al embargo y remate de bienes; pero también la condena puede ser rendir cuentas, hacer o no hacer, dividir una cosa común, entregar cosas muebles o inmuebles, así como personas.

CAPITULO CUATRO: RACIONALIDAD, LEGALIDAD Y EFICACIA SOCIOLOGÍA DE LOS CONVENIOS GANAR-GANAR

La importancia de entender la relación sociológica entre racionalidad y derecho es determinante de la eficacia sociológica y validez jurídica de los convenios derivados del empleo de mecanismos alternos de justicia, lo anterior, se puede comprender cuando se caracteriza al conflicto por sus elementos fenoménicos o materiales.

Teoría del conflicto

Al efecto, Contreras Polgatti[3] sintetiza de Lewis Coser y Julien Freund los principales factores que distinguen al conflicto:

(i)   "El conflicto implica plena conciencia de lo que se quiere obtener o conservar, lo cual, genéricamente, abarca una gama de bienes del más variado tipo y naturaleza, y sobre los cuales los actores tienen cabal conocimiento, no sólo en términos de carencias y de aspiraciones, sino también de las posibilidades reales de lograr lo que se quiere, lo que implica conocer las capacidades reales o potenciales propias y del adversario, el entorno y sus posibles reacciones, y el costo de tales aspiraciones"[4]

(ii)   "Los actores tienen voluntad para materializar sus aspiraciones, independientemente que se trate de modificar o de mantener un *status quo*, ya que no hay choque o enfrentamiento entre actores sino porque existe voluntad de entrar en él. Esta voluntad, a su vez, tiene relación directa con las capacidades relativas al medio y al adversario"[5].

---

[3] Cabe mencionar que para algunos teóricos del conflicto,

[4] Contreras Polgatti, Arturo, "Los estudios del Conflicto Una necesidad en la era Posmoderna", *Política y Estrategia No 91, Santiago, Chile, Julio-Septiembre, 2003, Academia Nacional de Estudios Políticos y Estratégicos*. p. 22

[5] Ibídem p. 23.

(iii) "La fuente de legitimación del conflicto es el derecho que los actores estiman que tienen sobre algo, ya normalmente ellos entran en él por la definición y afirmación de sus derechos mutuos, los cuales a la postre resultan ser incompatibles o no integrables en función de la determinación de qué es lo que le corresponde a cada uno. Estas pretensiones pueden tener bases jurídicas o bien basarse en su simple legitimidad que emana de una necesidad que puede ser vital o no, circunstancias en las cuales no siempre la ley es viable como fuente primaria para la resolución pacífica de las controversias. Es en esta consideración donde se vislumbra la vastedad de la relación conflicto–derecho, tanto en su origen como en su resolución, ya que el conflicto surge por la carencia de aquellas cosas que los actores quieren, aquello que necesitan y que no poseen. Por ello, conflicto y derecho no se excluyen, sino que se complementan a la vez que es muchas veces la definición o indefinición de los derechos es el factor que puede crear el conflicto"[6].

(iv) Los individuos en conflicto son de la misma especie, situación que permite distinguir de la delincuencia, la violencia privada o la cacería.

(v) El conflicto es una situación hostil que pretende dañar. Con lo cual los juegos no se pueden calificar como conflictos.

La relevancia de los factores anteriores es que éstos señalan hacía una concepción analítica del conflicto en términos de racionalidad, autonomía de la voluntad, legitimidad y derecho, por lo cual, mediante el constructivismo dialógico objetivo -la connotación racional del conflicto- es posible replantear un conflicto basado en posiciones como una controversia basada en intereses; lo anterior, con el fin de otorgar eficacia sociológica a los convenios emanados del empleo legítimo de los mecanismos de justicia alternos.

---

[6] Ídem

El conflicto de la racionalidad y la autonomía de la voluntad

Para Kant, la racionalidad distingue y característica la ley moral práctica de la que se deriva la humanidad, la conciencia del deber, la buena voluntad, la dignidad y el derecho: "aunque se trate de un pueblo de demonios, el derecho les reivindica y les puede restituir su condición de humanidad"[7]. Bajo la perspectiva kantiana, el conflicto se entiende como un juicio sintético a priori que se origina cuando se vulnera la regla moral práctica universal: "Obra de tal modo que uses a la humanidad, tanto en tu persona como en la persona de cualquier otro, siempre al mismo tiempo como fin y nunca simplemente como medio»"[8]; ya que los seres racionales no son un medio sino un fin en sí mismo, y por ello tienen dignidad.

Así, la identificación o contextualización de medios y fines incompatibles es el origen de los conflictos. Donde el conflicto personal entre la conciencia del deber y la satisfacción de los apetitos de la naturaleza, es el máximo dilema que desafía a la racionalidad humana, conflicto permanente y en esencia inevitable. En otras palabras, es imposible la erradicación total del conflicto, sino que únicamente se puede construir racionalmente prevenciones que minimicen sus efectos negativos, o sea, soluciones menos lesivas y costosas.

La consideración de la conducta racional permite distinguir los procesos analíticos de los hipotéticos en un conflicto a efecto de establecer coherencia, así como alternativas de solución factibles, inclusive en disputas donde las partes intentan ganar el máximo valor posible de satisfacción individual, es decir utilidad.

La premisa de una conducta racional constituye un factor fundamental para el desarrollo de una teoría *ad hoc* a cierto conflicto. Bajo esta visión analítica, el conflicto es consustancial a la naturaleza humana y operara con una imagen

---

[7] Ver Kant Emanuel, Fundamentación de la metafísica de las costumbres
[8] Ver Apartado 2.1 El derecho a la verdad en el Sistema Interamericano de Derechos Humanos.

racional de los participantes que intentan ganar con base en su propia satisfacción individual.

Al efecto, Schelling considera que la teoría del conflicto no niega que quienes intervienen en él tengan intereses comunes, encontrados u opuestos; sin embargo, el conflicto puro o juego de suma cero, en el que los intereses de los antagonistas son completamente opuestos, en realidad solamente ocurre en el caso de una guerra que tendiese a la total exterminación del adversario. Por esta razón, la palabra «ganancia», aplicada a un conflicto tiene un significado estrictamente competitivo; no significa ganar con relación a un adversario, sino ganar en relación a un sistema de satisfacción de valores. Y esto puede conseguirse por la negociación, mediante concesiones mutuas, o evitando una conducta mutuamente perjudicial.[9] Tal es el propósito de nuestro algoritmo de optimización para mediaciones duras.

Consenso de convenios ganar-ganar y Justicia Alterna

Como se aprecia en la literatura, el consenso de convenios "ganar-ganar" requiere del máximo de comprensión y buena voluntad en el proceso. En términos estrictamente jurídicos, los mecanismos alternos de solución de controversias se sustentan en los principios de voluntariedad, confidencialidad, imparcialidad, flexibilidad, equidad, legalidad, economía procesal y buena fe. Al efecto, la Ley Nacional de Mecanismos Alternativos de Solución de Controversias en Materia Penal expresa que: "Los mecanismos alternativos de solución de controversias en materia penal tienen como finalidad propiciar, a través del diálogo, la solución de las controversias que surjan entre miembros de la sociedad con motivo de la denuncia o querella referidos a un hecho delictivo, mediante procedimientos basados en la oralidad, la economía procesal y la confidencialidad." Consustancialmente, respecto a la mediación, la Ley de Justicia Alternativa del Tribunal Superior de Justicia del

---

[9] Cfr. Schelling, Thomas C, "The strategy of conflict", Trad. Adolfo Martín, *Harvard University Press*, Cambridge (Mass), Edit. Tecnos, 1960. pp. 16-17.

Distrito Federal expresa que: "La mediación tiene como objetivo fomentar una convivencia social armónica, a través del diálogo y la tolerancia, mediante procedimientos basados en la prontitud, la economía y la satisfacción de las partes. La mediación, como método de gestión de conflictos, pretende asimismo evitar la apertura de procesos judiciales de carácter contencioso y poner fin a los ya iniciados".

En síntesis, estos mecanismos sirven de base para la resolución de controversias de forma voluntaria permitiendo crear y mantener acuerdos "ganar-ganar" jurídicamente válidos y sociológicamente eficaces, con base en intereses compartidos de los que se puede llegar a la satisfacción del interés individual y convergente. En esta clase de espacios, los procesos no tienen como principio ni fin esclarecer la verdad jurídica de los hechos, ofrecer pruebas de cargo, o juzgar la conducta.

En la mediación los acuerdos se establecen voluntaria y confidencialmente por el consenso basados en la buena voluntad o buena fe. Por lo anterior, entre las ventajas prácticas que aporta la mediación esta la reconstrucción y conservación de la relación de los mediados, la celeridad del proceso, así como menores gastos, en términos humanos y materiales. El costo de oportunidad de llevar un asunto a litigio es resolver éste vía mediación. Ya que ésta es la mejor opción posible a la que renuncian los mediados para llevar un proceso litigioso.

CAPITULO CINCO: TEORÍA DE JUEGOS Y NEGOCIACIÓN DE CONFLICTOS

Análisis de decisiones y teoria de juegos

Lo anterior permite desarrollar estrategias para ponderar o sopesar el conflicto en términos económicos tales como costo de oportunidad, valor esperado, expectativa racional, utilidad, satisfacción, etc. Al efecto, Schelling expresa que la teoría de juegos ha proyectado una importante luz sobre la estrategia del conflicto, pero sobre todo a la estrategia de la acción en conflictos de mutua dependencia que entrañan coacción. En éstos donde el elemento del conflicto introduce intereses y dependencia que exige cierta especie de colaboración o consenso, para evitar un desastre mutuo[10], como por ejemplo en la mediación.

En este sentido, el imperativo de la racionalidad y la autonomía de la voluntad -consustanciales con la teoría de la elección racional y la teoría de juegos- son determinantes en los convenios emanados de la mediación. En efecto, Gibbons señala que: "Otra fundamentación muy práctica del equilibrio de Nash incorpora la idea de convenio; si surge un acuerdo sobre cómo comportarse en un determinado juego, las estrategias fijadas por el convenio deben formar un equilibrio de Nash; si no, habrá al menos un jugador que no se regirá por el convenio"[11]. Por ello, la estabilidad estratégica -punto de equilibrio de Nash- es determinante de la máxima eficacia jurídica y sociológica de los convenios.

---

[10] Cfr. Schelling, Thomas C, *The strategy of conflict*, Trad. Adolfo Martín, Harvard University Press, Cambridge (Mass), Edit. Tecnos, 1960. pp. 102.

[11] Robert Gibbons, Un primer curso de teoría de juegos, Trad. Calvo y Villa, Universidad de Nourtwestern. 1993 p. 9.

Sobre el análisis marginal de las decisiones, Picker[12] expresa que éste puede ser aplicado en amplia gama de problemas legales, simbolizándolos como juegos normales que se pueden resolver mediante la identificación de estrategias dominantes. Una regla legal produce cambios a través de las consecuencias que atribuye al comportamiento, por ello, según el autor, la teoría de juegos comparte una visión familiar de la ley y la economía, ya que, en un mundo sin ley de responsabilidad civil, los partes no internalizan los costos de su comportamiento.

Más aún, la teoría de la decisión racional tiene por objeto dilucidar de manera formal y abstracta, las decisiones óptimas que deben tomar diversos jugadores en conflicto a través del empleo de las matemáticas, es decir, la teoría de juegos desarrolla y analiza modelos matemáticos que ponderan el conflicto, así como estrategias de cooperación y solución entre entes inteligentes que toman decisiones estratégicas. Al efecto, Picket define a la teoría de juegos como: "un conjunto de herramientas y un lenguaje para describir y predecir el comportamiento estratégico"[13].

Como se aprecia en la definición, la estrategia juega un papel central en la toma de decisiones. Aunque cabe señalar que la estrategia económica es diferente de la practicada por los abogados, ya que el actor económico o bien se somete al imperio de la ley o viola la regla y acepta las consecuencias. Por el contrario, el estratega jurídico trata de derrotar la argumentación jurídica de la contraparte para que se resuelva una consecuencia jurídica favorable, anticipada en su teoría del caso o pretensión formulada. De aquí la importancia de ponderar los intereses con relación a los derechos fundamentales en conflicto como lo estudiaremos en el próximo capítulo.

---

[12] Cfr. Picker, Randal, C. "An Introduction to Game Theory and the Law", Coase-Sandor, Institute for Law & Economics, Working Paper No.22, University of Chicago Law School, 1994.
[13] Ídem

Representación de juego normal y equilibrio de Nash

En la simbolización de un juego normal, cada jugador elige una estrategia de manera simultánea donde la combinación de estrategias determina la ganancia de cada jugador. Para ilustrar lo anterior, revisemos el ejemplo clásico del dilema del prisionero.

Dos imputados son acusados de homicidio y robo, el fiscal tiene pruebas del robo, pero no tiene pruebas para determinar quien fue responsable del homicidio a no ser que confiesen. Por ello, decide encerrarlos en celdas separas y les explica que:

(i)	Si ninguno confiesa serán sentenciados a un año.
(ii)	Si uno confiesa y el otro no, el que confiesa será liberado inmediatamente y el otro será sentenciado por el homicidio a nueve años y el robo a tres más.
(iii)	Si los dos confiesan serán sentenciados a seis años.

En el juego, cada jugador tiene dos estrategias posibles, confesar o no. La ganancia de los jugadores cuando eligen una estrategia corresponde con cada casilla de la matriz. Por ejemplo, si el prisionero z confiesa y el prisionero x no confiesa entonces, el prisionero z sale libre pero el prisionero x se queda 12 años en prisión. Lo anterior, se puede ejemplificar en la matriz binaria que se presenta a continuación.

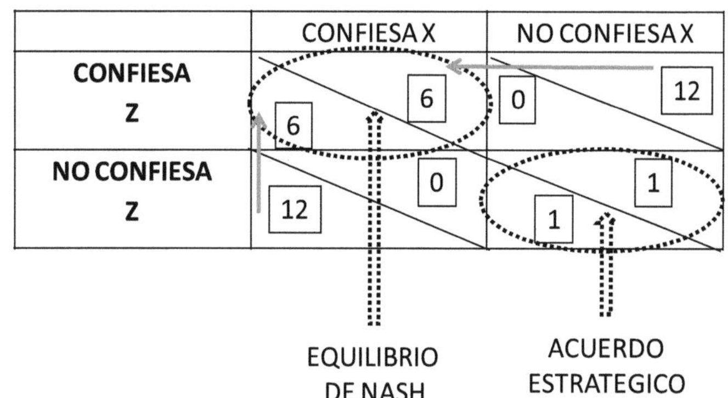

Figura 3. Dilema del prisionero

En general, para la simbolización de un juego normal se especifica:

(i)   Número de jugadores

(ii)   Estrategias de cada jugador

(iii)   Desenlaces o resultados de cada jugador, en cada combinación de estrategias

Al efecto, Gibbons[14] presenta las siguientes definiciones de la teoría de juegos:

Definición de juego normal

Sea S_i el conjunto de estrategias con que cuenta el jugador i, y sea $s_i \in S_i$. Sea $(s_1,...,s_n)$ una combinación de estrategias, una para jugador, y sea u_i, la función de ganancias del jugador $i:u_i(s_i,...s_n)$ es la ganancia del jugador i, si los jugadores eligen las estrategias $(s_i,...s_n)$.

---

[14] Cfr. Robert Gibbons, Un primer curso de teoría de juegos, Trad. Calvo y Villa, Universidad de Nourtwestern. 1993 pp. 1-15

Un juego con n jugadores especifica los espacios de estrategias de los jugadores $S_i, ... S_n$ y sus funciones de ganancia como $u_i, ... u_n$. Entonces, $G=\{ S_i, ... S_n ; u_i, ... u_n \}$

En el dilema del prisionero, si uno va a confesar, sería mejor para el otro también confesar y con ello ir a la cárcel 6 años. Así, para ambos la estrategia de callar está dominada por la de confesar, lo que se aprecia en las siguientes utilidades: $0<1<6<12$.

Definición de estrategia dominante

En el juego en forma normal $G=\{ S_i, ... S_n ; u_i, ... u_n \}$, sean s'_i y s''_i posibles estrategias del jugador i. La estrategia s'_i es dominante si para cada combinación posible de estrategias, la ganancia de i por utilizar $s'_i > s''_i$.

Así, en el dilema del prisionero, un jugador racional elegirá confesar, por lo que (confesar, confesar), será al desenlace al que llegarán dos jugadores racionales sin previo acuerdo, incluso cuando (callar, callar) supone una ganancia superior a la cual pueden llegar con un pacto de lealtad. Una manera de fundamentar la definición formal del equilibrio de Nash, es la que señala Gibbson en el sentido siguiente:

> "Supongamos que la teoría de juegos hace una única predicción sobre las estrategias elegidas por los jugadores. Para que esta predicción sea correcta es necesario que cada jugador esté dispuesto a elegir la estrategia predicha por la teoría. Por ello, la estrategia predicha de cada jugador debe ser la mejor respuesta de cada jugador a las estrategias predichas de los otros jugadores. Tal predicción puede denominarse estratégicamente estable o *self-enforcing*, puesto que ningún jugador va a querer desviarse de la
>
> estrategia predicha para él. Llamemos a tal predicción equilibrio de Nash"[15].

---

[15] Gibbon, Op, cit. p.8

Definición de equilibrio de Nash

En el juego en forma normal G={ $S_i, \ldots S_n$; $u_i, \ldots u_n$},, las estrategias $s^*_1, \ldots, s^*_n$ forman un equilibrio de Nash si, para cada jugador i, s^*_i es la mejor respuesta del jugador i (o al menos una de ells) a las estrategias de los otros n.1 jugadores, ($s^*_1, \ldots, s^*_{n-1}, s^*_{i+1}, \ldots, s^*_n$), para cada posible estrategia s_1 en S_1; esto es, s^*_1 es una solución de:

$s_i \epsilon S_i$, max $u_i(s^*_1, \ldots, s^*_{n-1}, s^*_{i+1}, \ldots, s^*_n)$.

Si el desenlace no constituye un equilibrio de Nash, al menos un jugador tendrá un incentivo para desviarse de tal resultado y buscará llegar a un punto estratégicamente más estable; naturalmente, este jugador seguirá las estrategias dominantes hasta que eventualmente alcance un equilibrio estratégico. De aquí la importancia de la negociación para poder establecer acuerdos estratégicos sobre cómo comportarse en un determinado juego. Por ejemplo, el convenio de callar-callar en el dilema del prisionero.

CAPITULO SEIS: MODELO SN-HV PARA SOLUCION DE MEDIACIONES DURAS

El Proyecto de Negociación de Harvard

Como se ha visto, para alcanzar convenios estratégicos es necesario desarrollar una metodología de negociación basada en valores que permita ponderar la mejor alternativa a un acuerdo negociado en términos de intereses; antes de la negociación conforme a sus expectativas individuales, y después de la negociación, una vez ponderados los valores e intereses comunes.

Como se demostrará, la metodología desarrollada permite observar el conflicto en su dinámica desde la perspectiva individual, sin considerar los valores, hasta los resultados que permite la concertación negociada donde los principios influyen en la toma de decisiones. Para tal efecto, se utilizan algunos conceptos desarrollados por Roger Fisher, William Ury y Bruce M. Patton para comprender y resolver conflictos con base en la negociación de intereses:

> El método de la negociación según principios desarrollados en el Proyecto de Negociación de Harvard, consiste en decidir los problemas según sus méritos, en lugar de decidirlos mediante un proceso de regateo centrado en lo que cada parte dice que va o no va a hacer. Sugiere que se busquen ventajas mutuas siempre que sea posible, y que cuando haya conflicto de intereses debe insistirse en que el resultado se base en algún criterio justo, independiente de la voluntad de las partes. El método de la negociación según los mencionados principios es duro para los argumentos y suave para las personas. No emplea trucos ni poses. La negociación según principios le muestra cómo obtener sus derechos y a la vez ser decente. Le permite ser justo y a la vez lo protege contra aquellos que estarían dispuestos a sacar ventaja de su justicia.[16]

---

[16] Fisher, Roger *et all*, Si de acuerdo! Como negociar sin ceder, Trad. Eloisa Vasco Montoya

Estos autores distinguen dos clases de negociadores: suave, que evita el conflicto cediendo a todo lo que se le pide; y el negociador duro, el cual quiere tomar el control de las situaciones y obtener mayores ganancias. Para plantear el problema, esta técnica de negociación distingue cuatro categorías conceptuales: personas, intereses, opciones y criterios objetivos.

El análisis de las negociaciones revela el poder de las partes o mejor alternativa a un acuerdo negociado, MAAN. Esta técnica consiste en descubrir los intereses, opciones, criterios y el costo de oportunidad de negociar un acuerdo que permita a las partes consensar un convenio. Si el valor de la MAAN es mayor que el valor de las opciones es mejor abandonar la mediación que llegar a un convenio ineficaz. Por otro lado, si el valor de la MAAN es menor que lo que se puede obtener negociando, la mediación permite obtener una mejor solución.

Es decir, el descubrimiento de la MANN puede servir para ponderar el costo económico de un posible litigio. Lograr un ambiente receptivo es indispensable para que las partes tomen una postura más flexible: "los participantes deben verse a sí mismos como empeñados en un trabajo hombro a hombro, atacando el problema, y no atacándose mutuamente, … el objeto de la negociación es satisfacer sus intereses subyacentes"[17]. Cabe señalar que en los puntos estratégicos la negociación siempre será superior a la MAAN, el costo de oportunidad.

Para el efecto, a continuación, se ilustra la parte medular de la metodología desarrollada con base en las teorías y procedimientos cuantitativos comentados. La ponderación analítica de conflictos con base en principios permite:

I. Encontrar las estrategias de solución óptimas, en términos del equilibrio de Nash.
II. Explorar escenarios flexibles de negociación.
III. Conocer la inconsistencia subjetiva en la ponderación de los mediados o partes en conflicto.

Edit Norma, 199, p.10
[17] Ibídem p.17

IV.   Estimar objetiva y cuantitativamente el poder de negociación de cada mediado o parte.

V.   Determinar los costos de oportunidad, es decir, el valor cuantitativo de la MAAN de cada parte o mediado.

Método analítico NS-HV

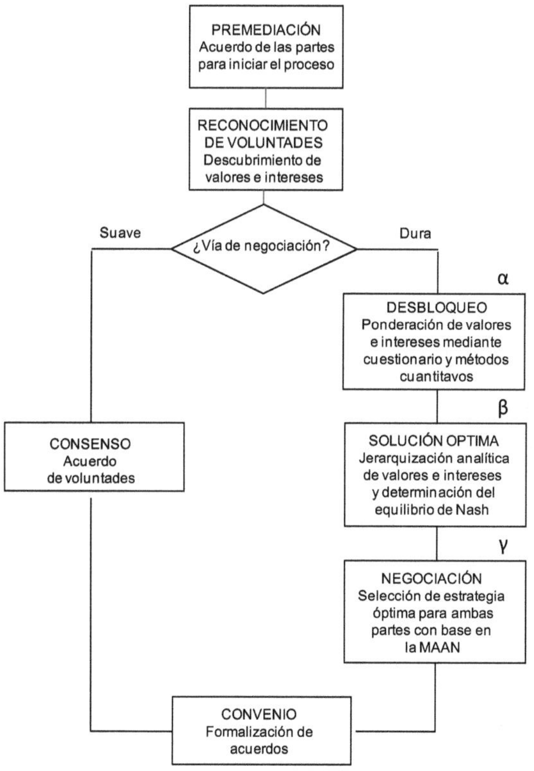

Figura 4. Método analítico NSHV

Sobre la objetividad de la negociación bajo principios, Fisher et al señalan que:

> La diferencia entre tratar de obtener un acuerdo con base en principios apropiados y utilizar los principios simplemente como argumento para sustentar posiciones es sutil a veces, pero siempre importante. Un negociador que se basa en principios está abierto a la persuasión por los méritos; un negociador que se basa en posiciones, no lo está. Es la combinación de apertura a la razón y de la insistencia en encontrar una solución basada en criterios objetivos lo que hace que la negociación según principios sea tan persuasiva y tan efectiva en lograr que la otra parte se adapte a ella.[18]

Finalmente, probaremos el modelo propuesto.

---

[18] Ibídem p.77

CAPITULO SIETE: APLICACIÓN DEL MODELO NS-HV A CASOS

A continuación, con fines didácticos se presenta un caso típico de divorcio que demuestra las bondades de la metodología desarrollada.

Ejemplo 1. Conflicto en derecho familiar

El análisis de las decisiones en un conflicto, *prima facie*, requiere dilucidar los intereses y valores subyacentes a éste; naturalmente habrá negociaciones suaves en que las partes tengan la voluntad de construir acuerdos, pero eventualmente, pueden ocurrir situaciones en que las partes estén muy posicionadas y la negociación sea dura o difícil, por ejemplo:

Una pareja quiere divorciarse y para tal fin, necesita llegar a un acuerdo sobre la pensión alimenticia, la guardia y custodia de dos hijos de 9 y 11 años de edad y la división de los bienes de la sociedad conyugal. En este caso, el daño a la relación se originó por una infidelidad, sin embargo, a pesar de que los mediados se reprochan constantemente, el mediador identifica los siguientes valores en común e intereses en conflicto:

VALORES OBJETIVOS	INTERESES
V_1: Interés superior del menor	A. Pensión alimenticia
V_2: Integridad familiar	B. Guardia y custodia de los hijos
V_2: Libertad de elección	C. División de bienes

α: El objetivo de esta etapa del proceso es desbloquear las posiciones y facilitar la comunicación, al efecto, se presenta un cuestionario a cada parte, en el cual se comparan en escala, las prioridades en primer término sobre valores objetivos y posteriormente sobre intereses antagónicos, referidos a un valor común, por medio de preguntas como las siguientes:

1. Para Usted, con relación al interés superior del menor, ¿qué es más importante la pensión alimenticia o la división de bienes? …

2. Para Usted, con relación a la integridad familiar, ¿qué es más importante, la guardia y custodia de los hijos o la división de bienes?

A continuación, los datos obtenidos se ponderan por medio de matrices.

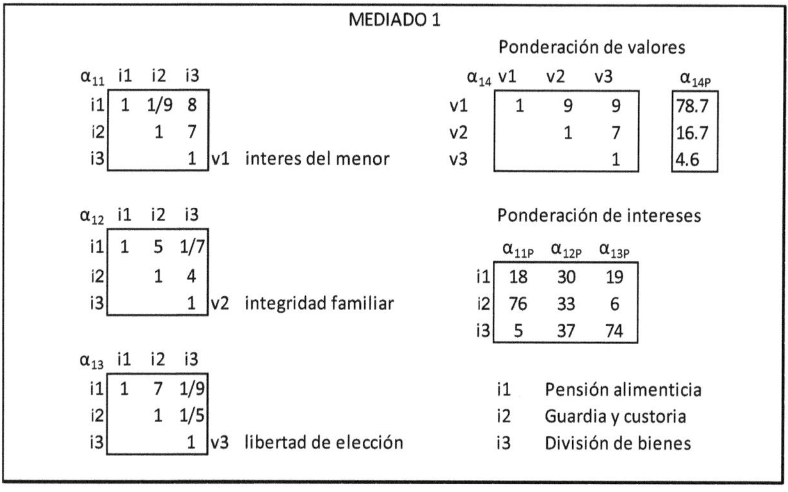

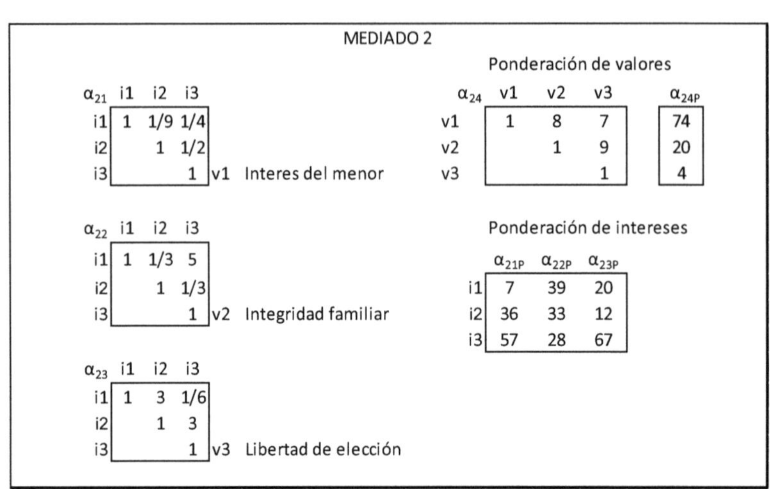

β: Una vez que tenemos las ponderaciones sobre las preferencias de intereses relativas a los valores, modelamos éstas en una matriz de pagos para determinar los óptimos de Nash.

SUCCESS

Strategic form:

3 x 3 Payoff player 1

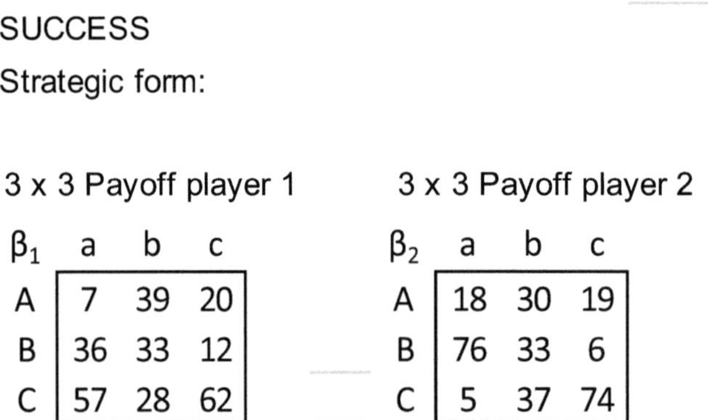

3 x 3 Payoff player 2

γ: Se distingue la estrategia optima

EE	P1			EP1	P2			EP2	γ
	Pensión	Guardia	División		Pensión	Guardia	División		MAAN
1	**0.313**	**0.343**	**0.343**	**33.314**	**0.171**	**0.818**	**0.009**	**33.434**	**0.120**
2	0.770	0.000	0.229	35.056	0.000	0.792	0.207	31.604	-3.452
3	0.000	0.000	1.000	62.000	0.000	0.000	1.000	74.000	12.000
4	0.781	0.218	0.000	33.514	0.171	0.825	0.000	30.654	-2.860
5	1.000	0.000	0.000	39.000	0.000	1.000	0.000	30.000	-9.000

(a)

	α_{14P}	α_{24P}
PONDERACIÓN DE PRINCIPIOS	MEDIADO 1	MEDIADO 2
(i_1) Interés del menor	78.7	74.0
(i_2) Integridad familiar	16.7	20.0
(i_3) Libertad de elección	4.6	4.0

(b)

EQUILIBRIO DE NASH

OPCIONES EQUIVALENTES

Connected component 1:

{1} x {1}

Connected component 2:

{2} x {2}

Connected component 3:

{3} x {3}

Connected component 4:

{4} x {4}

Connected component 5:

{5} x {5}

(c)

En el recuadro (a) se observan cinco equilibrios extremos de Nash (EE), para el mediado 1, P1 y para el mediado 2, P2. En (b), se presenta la ponderación de valores por jerarquización analítica. En (c), se aprecian las cinco opciones de solución dentro de la negociación.

Cuadro 3 Resultados de la ponderación de valores e intereses en conflicto, en derecho familiar, con base en datos de las partes, mediante jerarquización analítica y equilibrios de Nash

Como se puede apreciar en (a), la metodología desarrollada proporciona cinco equilibrios extremos (EE), la distribución de probabilidades para cada interés en conflicto (i_1, i_2, i_3), los beneficios esperados de cada equilibrio opcional dentro de la negociación (EP1, EP2), así como el costo de oportunidad o mejor alternativa a la negociación (MANN).

Adicionalmente, en (b) se presenta la ponderación de principios que las partes reconocen como criterio objetivo de los valores que individualmente privilegian durante la negociación, obtenidos mediante la transformación de sus criterios subjetivos en valores cuantitativos que aportan mayor objetividad y claridad para alcanzar el acuerdo.

En (c) se aprecian las cinco estrategias opcionales de solución del conflicto (Equilibrios de Nash), que se interpretan como la combinación de tácticas individuales en la confrontación de intereses.

La solución que aporta esta metodología recomienda el equilibrio de Nash representado por la opción de equilibrio extremo EE1, ya que su costo de oportunidad o MAAN es el mínimo para ambas partes; en esta categoría los valores se obtienen por la diferencia entre el beneficio esperado EP2 respecto a EP1.

Por tanto, para el mediado uno los valores positivos se entienden como costos de oportunidad y los valores negativos como sus beneficios de oportunidad. En estos casos recomendamos descartar los valores superiores a la mínima diferencia ya que de esta manera es más flexible el acuerdo, que por ejemplo los valores de 12 (máximo beneficio para el mediado dos) y -9 (máximo beneficio para el mediado uno).

Respecto a la distribución de probabilidades asociada a los intereses de cada mediado, se observa que el primero es indiferente en elegir guardia y división (Probabilidad 34.3%), sabiendo que el segundo escogerá guardia con la más alta probabilidad, 81.8%. Asimismo, sabiendo que el mediado dos otorga una baja probabilidad para seleccionar el interés en la pensión (17.1%), el mediado uno le otorga también su menor probabilidad, 31.3%.

No obstante a que el método de jerarquización analítica proporciona un parámetro matemático de control para medir la intransitividad natural en las decisiones humanas, asociado al valor característico de cada matriz, en nuestra experiencia, después de haber aplicado esta metodología en varios casos de negociación y mediación, hemos tolerado cierto grado de intransitividad para privilegiar el principio jurídico de máxima autonomía de las partes, ya que en la negociación entran en juego valores entrañables difíciles de discriminar entre sí, además de los otros bienes jurídicos tutelados.

De esta manera los principios relativos a los derechos humanos y garantías constitucionales priman sobre los intereses en conflicto, lo que enfatiza la connotación de los términos clave del discurso que conducen al acuerdo de intereses.

Finalmente, encontramos en la práctica que explicar a las partes los alcances derivados de la mejor alternativa a la negociación, en términos de costos de oportunidad motiva a las partes a otorgar su conformidad entre las diversas opciones, con el mínimo de insatisfacción.

Ejemplo 2: mediación de una empresa familiar

A continuación, con el fin de ver los alcances del modelo, se presenta la estructuración de un caso real reportado en una revista especializada en mediación, conforme a nuestra metodología.

Una empresa familiar entra en crisis con motivo del divorcio de los conyugues y la pretensión de segundas nupcias por parte del padre, a quien la familia se propone expulsar de la firma.[19] La empresa cuenta con líneas de negocio en cosméticos, farmacéutica, y una farmacia que distribuye directamente al público.

Intereses individuales de los mediados en conflicto.

A. A Pablo, hermano de Juan, le preocupa el buen funcionamiento actual y futuro de la empresa farmacéutica familiar
B. A Luis le interesa la mala relación entre él y su padre, Juan
C. El bajo desempeño de Luis en la farmacia, donde trabaja con Juan
D. Luis quiere que Juan delegue ciertas funciones de la empresa en sus hijos; en concreto Luis quiere que le deleguen los aspectos organizacionales de la farmacia

---

[19] Ver. Sara Reyero Serret y Cesar Gil Ballesteros, Caso de mediación: mediación en una empresa familiar, Revista de Mediación. Año 5. N° 10. 2° semestre 2012, https://revistademediacion.com/wp-content/uploads/2016/11/Revista10-6.pdf

E. Ana no quiere saber nada de su padre, Juan, ni volver a verle; por ello quiere que deje de trabajar en la empresa

F. Ana quiere además que Juan les venda sus participaciones en la empresa familiar.

G. Isabel no quiere que Juan, su ex marido, se vuelva a casar

H. Isabel quiere que Juan tome en cuenta lo que es bueno para ella, para sus hijos y para la empresa

I. Juan quiere que su familia comprenda que su trabajo es muy importante para él puesto que disfruta mucho de éste y la empresa le ha costado mucho esfuerzo

Valores familiares reconocidos

(i) Lealtad, (ii) trabajo como realización personal y (iii) esfuerzo ante cualquier problema.

A efecto de sistematizar el conflicto, se propone la siguiente estructura jerárquica que relaciona el conjunto de interese con los valores familiares. El modelo propuesto se sustenta en las siguientes hipótesis:

(a) En el contexto moral los valores compartidos representan aspiraciones que enaltecen la dignidad humana, por lo que se busca su máxima realización en la medida de lo posible, como categorías morales.

(b) Estas categorías constituyen fronteras que delimitan la satisfacción de los intereses en conflicto.

(c) La plena comprensión y aceptación de las partes respecto a estas hipótesis, coadyuba a un clima de actuación y elección racional, en la valoración de cada uno de los actores respecto a la ponderación de los intereses en función de la jerarquía de valores, supeditando los primeros a los segundos.

(d) La factibilidad de alcanzar el mejor acuerdo, justo, racional, objetivo, y por tanto eficaz, amerita modelar el conflicto mediante el equilibrio de Nash, que se sustenta en libre elección, proporcionalidad, logicidad y reglas de juego limpio.

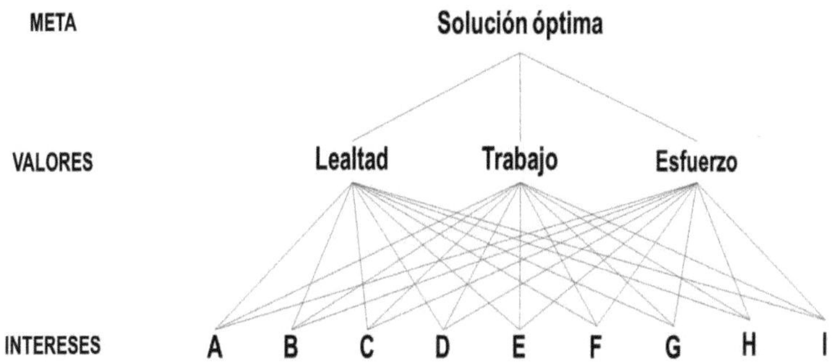

Fig. 7 Etapa β: Ponderación de intereses en función de los valores familiares

Ejercicio: Caso jugadores profesionales VS NFL

En equipos esquematice y resuelva el siguiente ejercicio de mediación en derecho laboral deportivo, asigne valores subjetivamente y explore diferentes posibilidades. Un equipo representara a la liga y el otro a los jugadores.

La liga nacional de fútbol (NFL por sus siglas en inglés) fue demanda por ex jugadores de futbol porque no los informó ni los protegió de los riesgos de contusiones en el fútbol. El Tribunal de Distrito aprobó un acuerdo de acción colectiva que cubrió a más de 20,000 jugadores retirados y liberó de todas las reclamaciones relacionadas con la contusión a la NFL. Sin embargo, la Liga apeló la decisión argumentando que el arreglo era injusto. Posteriormente, el Juez de Distrito ordeno a las partes que resolvieran el conflicto a través de un mediador. La propuesta de acuerdo tiene los siguientes componentes:

En equipos pondere y resuelva conforme a las siguientes variables:

VALORES	INTERESES
V_1: Salud	A. Fondo monetario para jugadores jubilados
V_2: Educación	B. Programa de evaluación neurológico para jugadores
	C. Fondo para prevención de contusiones de jugadores activos

FUENTES CONSULTADAS

- Contreras Polgatti, Arturo, "Los estudios del Conflicto Una necesidad en la era Posmoderna", Política y Estrategia No 91, Academia Nacional de Estudios Políticos y Estratégicos, Santiago, Chile, Julio-Septiembre, 2003.
- Exposición de Motivos, Reforma en Materia de Justicia Penal y Seguridad Pública del 18 junio de 2008.
- Robert Gibbons, Un primer curso de teoría de juegos, Trad. Calvo y Villa, Universidad de Nourtwestern, 1993.
- Fisher, Roger et all, Si de acuerdo! Como negociar sin ceder, Trad. Eloisa Vasco Montoya Edit Norma, 1999.
- Hampshire Stuart, "La justicia es conflicto", Princeton University Press, 2019.
- Herrera Vignola Ernesto, "The Nash equilibrium in optimizing the constitutional principle of proportionality, a pounding model for collisions between fundamental rights." Ed Kindle Amazon, 2000.
- Kant Emanuel, "Fundamentación de la metafísica de las costumbres" Ed. Porrúa, 2010.
- Schelling, Thomas C, The strategy of conflict, Trad. Adolfo Martín, Harvard University Press, Cambridge (Mass), Edit. Tecnos, 1960.
- Picker, Randal, C. "An Introduction to Game Theory and the Law", Coase-Sandor, Institute for Law & Economics, Working Paper No.22, University of Chicago Law School, 1994.
- Sara Reyero Serret y Cesar Gil Ballesteros, Caso de mediación: mediación en una empresa familiar, Revista de Mediación. Año 5. N° 10. 2° semestre 2012, https://revistademediacion.com/wp-content/uploads/2016/11/Revista10-6.pdf

I want morebooks!

Buy your books fast and straightforward online - at one of world's fastest growing online book stores! Environmentally sound due to Print-on-Demand technologies.

Buy your books online at
www.morebooks.shop

¡Compre sus libros rápido y directo en internet, en una de las librerías en línea con mayor crecimiento en el mundo! Producción que protege el medio ambiente a través de las tecnologías de impresión bajo demanda.

Compre sus libros online en
www.morebooks.shop

KS OmniScriptum Publishing
Brivibas gatve 197
LV-1039 Riga, Latvia
Telefax: +371 686 204 55

info@omniscriptum.com
www.omniscriptum.com